La
FEMME PERDUE,

Fait historique.

Paris, 1821.

LA FEMME PERDUE,

FAIT HISTORIQUE,

RACONTÉ PAR M. GODARD,

ET ÉCRIT SOUS SA DICTÉE

PAR LE COUSIN GERMAIN DE

CADET BUTEUX.

> Elles font la sottise et nous
> sommes les sots.
>
> MOLIÈRE.

PARIS,

CHEZ LES MARCHANDS DE NOUVEAUTÉS.

———

1821.

Le bruit qu'a fait l'aventure de M. Godard, Cordonnier, rue St-Honoré, n. 304, est si répandu qu'il nous interdit le droit de chercher à persuader le Public de la réalité de la chose ; ce n'est point une calomnie, une atteinte à la réputation de sa femme, puisque lui-même l'a affichée, non pour prévenir ce qui arrive ; mais pour jouer pièce à la famille de son épouse. Notre intention a donc été de faire retomber sur son auteur une plaisanterie si mal dirigée.

On pense bien que ces détails n'ont pu nous être donnés par M. Godard : il les eût fait rédiger autrement. L'impartialité qui règne dans cet ouvrage ne permettra pas de croire qu'ils nous ont été communiqués par son épouse ou par sa famille.

NOTE DE L'ÉDITEUR.

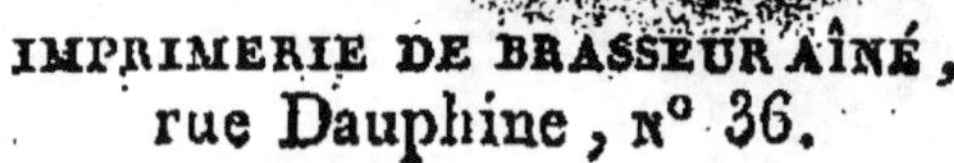

IMPRIMERIE DE BRASSEUR AÎNÉ,
rue Dauphine, n° 36.

AVERTISSEMENT.

Je vais parler des écarts de ma femme,
Et des tourmens qu'elle cause à mon cœur.
Moi, savetier, je vais me faire auteur;
Mais pour me venger de ma Dame.
Que d'auteurs avant moi se sont mis savetiers.
   Ne plaisantons point les métiers,
   Ne disputons avec personne.
   Je vais, puisque ma cause est bonne
   Public, te l'exposer aux yeux:
   Juges après si je suis malheureux!

   De ma femme plaignant l'absence,
Chaque instant accroît ma souffrance.
Dix-huit fois trente jours viennent de
                     s'écouler,
   Et je ne puis me consoler
Davoir perdu ma tendre ménagère,
Que je nomme à présent mégère,

Dans les momens où mon esprit jaloux
Se la peint loin de son époux.
Qui peut donc l'éloigner de son humble
retraite ?
Rien ne manquait à sa toilette ;
Et mon logis, sans paraître opulent,
N'était pourtant pas indigent.
Martinet, tes caricatures,
Quoique sans cadre et sans bordures,
Y servaient souvent de tableaux,
Et présentaient les traits nouveaux
Des aventures de la ville.
Me faudra-t-il, pauvre imbécille,
Voir aussi chez ce Martinet
Plaisanté par un freluquet ?
Oh! non, non, prévenons ma femme,
Montrons le calme de mon ame ;
Vengeons mon honneur, ma vertu,
Et disons en riant: morbleu! je suis cocu.
Pourra-t-on me blâmer des erreurs de ma
femme ?
Est-ce ma faute enfin si l'on plait à madame ?
Faut-il qu'un préjugé m'en rejette l'affront ?

(5)

Faut-il que moi, Godard, j'en surcharge
mon front ?
Les hommes reviendront sur pareilles
sottises ;
Ils y réfléchiront, grâce à mes entreprises.
Avant peu les Cocus se diront dans Paris:
Godard a rétabli l'honneur des bons maris.

————————

LA FEMME PERDUE,

FAIT HISTORIQUE.

———

Air : *J'ai perdu mon âne.*

J'ai perdu ma Jeanne !   *bis.*
Ah ! Messieurs, rendez-la moi,
L'honneur vous en fait la loi.
Rendez-moi ma Jeanne.   *bis.*

Air : *A ma Margot.*

A ma femme, du bas en haut,
Je n' pourais trouver un défaut. *bis.*
Pour qu'on puisse la reconnaître,
J'vas tracer son portrait d'main d'maître.
Personn' n'la connaissait mieux q'moi,
Avant qu'all' ait trahi sa foi...
          Ah ! mon dieu !   *bis.*
Mon dieu ! qu' c'est dommage ;
Car, à ça près, j' gage
Qu'à ma femme, etc.

(7)

Jeanne-Adélaïde-Sophie,
V'la tous ses noms , j'vous les confie ;
Elle est demoiselle Picard ,
Et femme infidèle à Godard...
    Ah ! mon dieu, etc.

Trente-huit primtems, taille moyenne,
Fac' coloré', comme la mienne ;
Un' épaul' passant l'aut' un peu * ...
Oh ! mais si peu, si peu, si peu....
    Ah ! mon dieu, etc.

    Air *de Dorilas.*

Dois-je cacher le nom de sa patrie ?
Non ; car il peut la faire retrouver :
Je le dirai ; mais ce que je parie,
C'est qu'il faudra vous le prouver.

---

  * Ces détails sont copiés textuellement sur
la première affiche que M. Godard a fait appo-
ser sur les murs de Paris.
                NOTE DE L'ÉDITEUR.

Le croira-t-on ? une Parisienne,
A son époux manqua de foi. . . . .
Vit-on jamais femme comme la mienne?
Vit-on époux plus malheureux que moi?

AIR : *Monsieur d' la Palisse est mort.*

J' lai déjà demandé deux fois
    A toute la ville★ ;
Je ne m'en mords point les doigs ,
    L'action n'est pas vile.
Assisté de deux témoins ,
    J'ai placardé sa gamme ;
Dans tout's les rues, tous les coins ,
    J'ai demandé ma femme.
J' l'ai déjà , etc.

AIR : *Quel désespoir !*

Quel désespoir !
Au galant d' ma femme
Je reclame.
Mon seul espoir

★ Historique.

Ma chère épouse est de te voir.
Quoi ! tu vis séparée
De ton fidèle époux...
Reviens, femme *égarée* ,
Je tombe à tes genoux.
Quel désespoir ! etc.

AIR : *Gn' y a que Paris.*

J' suis savetier, mais j' fais mon métier
Avec honneur, et j'en tir' gloire.
Combien de mauvais cordonniers ,
Qui voudraient ternir ma mémoire,
Sont plus que moi, dans leurs métiers.
Des savetiers   *bis.*

AIR : *Au clair de la lune.*

Ma femme impudique
M' laiss' tout sur les bras ;
J'ai pourtant *boutique*
Comme on n'en voit pas.

Ah ! nulle part , j'enrage !
Ma chère moitié,
N' peut trouver mieux , j' gage ,
Chaussure à son pié.

AIR : *Mes chers enfans unissez-vous.*

Si vous saviez comme j'étais heureux
Avec ma jeune ménagère :
Fidèle épouse , et très-bonne ouvrière ,
Elle bordait on ne le peux pas mieux.
Reviens ma Vénus , mon Églée ,
D'où viennent tes débordemens.
Ah! de tels faits sont pour moi surprenans...
Me femme était si bien réglée.

AIR : *R'li , r'lan ; etc.*

J'n'y tiens plus, j'veux r'avoir ma femme,
En tous lieux je f'rai carillon ;
C'est la consolation d'mon ame ;
Il me la faut entière ou non.
En tous lieux j' pos'rai des affiches :
J'la f'rai *crier, tambouriner.*
Nous aut' maris, nous n'somm's pas chiches ,
Quand l'amour vient nous dominer.

AIR : *Décacheter sur ma porte.*

J' fus dans une imprimerie ;
Mais en me voyant l'on rie :
L'on ne me connaît pas.
Pour les tirer de c't embarras ,
Sitôt je prends la parole ,
Et je commence mon rôle.

AIR. *Bon voyage Monsieur Dumolet.*

Eh ! Messieurs , je suis ce cornard ,
Ce grand cocu que l'on cite à la ronde.
Oui, Messieurs, je suis ce cornard ,
N'en doutez pas, je me nomme Godard.
En pareil cas bien des gens voudraient
                             s'taire ;

Comme chacun est libre dans sont goût,
Pour me venger de ma femme adultère * ,
Je veux le dire , et je l'dirai partout.
   Eh ! Messieurs , etc.

---

* Cette épithète peut paraître un peu forte;
mais nous serons pleinement justifiés en en-

Moi qui riais de ce roi d'Angleterre,
Que va-t-on dire, et que penser de moi?
Ah! pour toujours, si je suis confrère,
Je suis, dois être aussi content qu'un roi.
    Eh ! Messieurs, etc.

Un'chos'pourtant me retient en balance;
Je n'puis rien dire et prendre aucun
                                    parti ;
J' f'rais à tous deux un procès d'*consé-*
                            quence ,
Si j' la trouvais avec son *Berganti.*
    Eh ! Messieurs, etc.

AIR : *Allez, marchez M. Gaspard.*

    Enfin, gagné par mes raisons,
    Un imprimeur fait mes affiches;

---

tendant dire à M. Godard « qu'il pense que
« dix-huit mois d'absence auront suffi pour
« satisfaire celui qui la possède (sa femme) ».
V. la prem. affiche publ. par M. Godard.
                        NOTE DE L'ÉDITEUR.

(13)

Nous fûmes la nuit, à tâtons,
Les poser: j'en étions peu chiches;
J'avais enm'né mon écrivain
Et mon premier garçon d'boutique :
C'fut à trois heures du matin
Que jé partis avec ma clique.

AIR : *Au clair de la lune.*

Au clair de la lune,
Nous dressons nos plans ;
Mais d'échelle aucune :
Nous n'étions pas grands...
Sitôt je rumine ,
L'écrivain m'comprend ,
Sur son dos j'mach'mine ;
I' me r' mont' d'un cran.

AIR : *La mère Bontemps.*

J'étais sur son dos ,
L'camarad' me servait d'échelle ;
J' placardais en gros ;
Jarni je l'ai z'échappé bellè ;

La patrouille passant ,
L'écrivain s'évadant ,
Me j'ta comme un paquet d'ling' sale,
A tout's jamb's le v' la qui détale ;
J' devais êt' lourd , je crois
Car j'suis un homme de poids , (*poix*)

AIR : *L'avez-vous vu.*

Tout éreinté ,
Tout éclopé ,
Je gagne mon domaine ;
J' n'y fais pu rien ,
Queu métier d'chien !
Déjà je perds *haleine.*
Si ma femm' ne m'donn' un coup d'main,
Je n'peux pus aller mon p'tit chemin ;
Ah ! dit's lui ben ,
A c'te.......vaurien ,
Qu'a vienn'voir son pauvre homme ;
Il est en deuil ;
I' n' ferm' pus l'œil ,
Qu'all' lui rende son somme.

AIR : *Dans les gardes françaises.*

Au sein de mon ménage ,
Je comblais ses désirs ;
Et mon épouse sage ,
Ne goûtait que plaisirs.
Si parfois , pour l'ouvrage ,
Je faisais un *tiran* ,
Ah ! pour cette volage ,
Je n'étais point tyran.

Tes enfans , en bas âge ,
Déjà t'ont oublié ;
Quoique tu sois volage ,
J'ai pour toi d'l'amitié :
Mes regrets sont sincères ;
Et mes enfans , ma foi ,
Ne me ressemblent guères ;
Ils sont pourtant de toi.

AIR : *Tous les bourgeois de Chartres.*

Pourquoi ma Dulcinée.
Veut-elle m'abandonner ?

La grasse matinée
J' la laissais s'en donner ;
Je m'en donnais si bien ,
Quand j'étais auprès d'elle ;
Je ne la tourmentais en rien ,
Mon bonheur était comm'le sien :
Que ma femme est cruelle !

AIR *de la Gripette.*

Au diable les douceurs.
Ah ! Ah ! coquine
On m'assassine ;
Au diable les douceurs ,
Je vais peindre tout's tes noirceurs.

AIR : *Te souviens-tu.*

Te souviens-tu , dans une nuit obscure ,
Seul je venais regagner mon logis ?
Te souviens-tu de ma triste aventure ,
De ces gredins qui m'ont presque ébaubis ?
Ils étaient trois ; j'ai tombé sous le
nombre ,

Ah ! c'était peu d'avoir été cocu ;
Ils m'ont encor laissé pour mort dans
l'ombre * :
Dis-moi Sophie, dis-moi t'en souviens-tu?

Air *de Marianne.*

J'ai su te reconnaitre, infâme ,
Faisant nombre parmi ces geux ;
En homme j'ai bien vu ma femme ,
Et j'en prends pour témoins mes yeux :
Ils sont pochés ,
Égratignés
Et j'ai le nez ,
Tant soit peu z'écorné ;
J'ai des blessures ,
D'z'égratignures,
Qui prouvent bien ,

----

* Historique. Il était cinq heures du soir ,
lorsque, rentrant chez lui , il fut assailli par
trois hommes.

NOTE DE L'ÉDITEUR.

Qu' tu m'a joué ce coup d'chien.
Si d'puis j' n'avais pas bu l' rogome,
J'n'aurais pas pu z'y résister ;
Et j'vois aux marqu's qui vont m'rester,
Qu'all' ne vienn'nt pas d'un homme.

MORALE.

AIR : *Ça n'se peut pas.*

Enfin j' prends mon mal en patience ;
Et s'il faut dir' vérité,
J' suis content d'chaque circonstance,
Qui m' donne, de la célébrité,
Vous, dont la femme est adultère,
Est-c' de vot' faut' ses égar' ments ?
Fait's comm'moi z'et l'roi d'Angleterre ;
Nous somm's battus, cocus, contents.